FÜRBITTEN

zu Taufe
Hochzeit
Ehejubiläum
Begräbnis

Liborius Olaf Lumma

Tyrolia-Verlag · Innsbruck-Wien

Vorwort

Für den liturgischen Gebrauch findet sich in diesem Büchlein eine kleine Sammlung von Fürbittgebeten. Berücksichtigt wurden dabei vier Anlässe, bei denen oft Menschen in die Gestaltung und Durchführung der Gottesdienste integriert werden sollen, die mit den liturgischen Vollzügen der Kirche und dem Formulieren von Gebetstexten weniger vertraut sind. Ihnen soll diese Materialsammlung eine einfache Hilfestellung und Anregung geben. Bei den Texten handelt es sich daher nicht um vollständig konzipierte „Fürbittreihen“, sondern um einzelne Vorschläge für das Gebet in verschiedenen Anliegen und in verschiedenen sprachlichen Formen, aus denen in der Vorbereitung eines Gottesdienstes dann eine Fürbittreihe zusammengestellt werden kann. Die Anlässe, die hier berücksichtigt sind, sind Taufe, Hochzeit, Ehejubiläum und Begräbnis/Abschied.

Bei den Gebetstexten sollte vermieden werden, in eine der vielen Fallen zu tappen, die beim Formulieren von Bittgebeten entstehen können: Es finden sich hier keine versteckten moralischen Bewertungen, keine Urteile und Handlungsvorschriften. Im Mittelpunkt steht das bewusste

Liborius Olaf Lumma

Fürbitten

Mitglied der Verlagsgruppe „engagement“

Bibliografische Information Der Deutschen Nationalbibliothek
Die Deutsche Nationalbibliothek verzeichnet diese Publikation in der Deutschen Nationalbibliografie; detaillierte bibliografische Daten sind im Internet über http://dnb.d-nb.de abrufbar.

Umschlaggestaltung: stadthaus 38, Innsbruck
Fotos: stadthaus 38
Layout und digitale Gestaltung: Tyrolia-Verlag, Innsbruck
Druck und Bindung: Finidr s. r. o., Ceský Tesín, CZ
ISBN 978-3-7022-3060-9
E-Mail: buchverlag@tyrolia.at
Internet: www.tyrolia-verlag.at

Beten „für“; gelegentlich wird aber auch in sehr allgemeiner Form „um“ etwas gebetet: „um Gottes Segen“ etwa oder „um Leben in Fülle“.

Der Aufbau der Sammlung ist folgender:

Zu jedem der vier Anlässe finden sich ausformulierte Fürbitten. Die ersten sind immer in der „für“-Form verfasst. Danach folgen etwas ausführlichere Gebetstexte, jeweils mit einem kleinen Einleitungssatz, aus dem dann eine Bitte „für“ oder „um“ erwächst. Manche Anliegen wiederholen sich inhaltlich: So sind etwa im Kapitel „Hochzeit“ mehrere Fürbitten für die Brautleute zu finden – hier kann man aus mehreren Vorschlägen einen auswählen und gegebenenfalls dem Anlass noch weiter konkret anpassen.

Auf inklusive Sprache wurde verzichtet, stattdessen finden sich hier nur die männlichen Formen („für die Freunde von N. und N.“, „für unseren lieben Verstorbenen N.“). So bleiben die Textvorlagen übersichtlich und kommen nicht zu „bürokratisch“ daher. Dieses Vorgehen entspricht auch dem Charakter einer Materialsammlung, die für den konkreten Anlass ohnehin immer noch angepasst werden muss.

Den Benützerinnen und Benützern sei gewünscht, hilfreiche Impulse zu finden, die ihnen eine sinnvolle Gestaltung von Gottesdiensten nahebringen und erleichtern.

Liborius Olaf Lumma

Liborius Olaf Lumma, geb. 1973, Dr. theol., seit 2006 Wissenschaftlicher Mitarbeiter am Institut für Bibelwissenschaften und Historische Theologie der Universität Innsbruck (Fachbereich Liturgiewissenschaft), Mitglied im Ökumenischen Rat der Kirchen Österreichs, Innsbrucker Diözesanreferent des Andreas-Petrus-Werks (Catholica Unio Österreich). Zahlreiche Publikationen zur liturgischen Praxis. Im Tyrolia-Verlag erschien 2007 „Für-Bitten. Das Allgemeine Gebet in der Eucharistiefeier und anderen Gottesdiensten für alle Zeiten des Kirchenjahres und für besondere Anlässe“.

Taufe

Zitate

Paulus im Brief an die Gemeinde in Kolossä (Kol 2,12)

Mit Christus
wurdet ihr in der Taufe begraben,
mit ihm auch auferweckt,
durch den Glauben an die Kraft Gottes,
der ihn von den Toten auferweckt hat.

Gregor von Nazianz († um 390)

Über nichts freut sich Gott mehr als über
die Bekehrung und das Heil des Menschen,
dem jedes Wort und jedes Sakrament gilt,
damit ihr wie „Lichter in der Welt“
Kraft ausstrahlt für die übrigen Menschen.

Romano Guardini (1885–1968)

Geheimnisvoll ist das Wasser.
Selbstlos gleichsam; nur dafür da,
Anderen zu dienen, rein zu machen
und zu erquicken.

Laotse (6. Jh. v. Chr.)

Nichts auf der Welt ist so weich und
nachgiebig wie das Wasser.
Und doch bezwingt es
das Harte und Starke.

1

Für N. und für alle,
die heute durch das Sakrament der Taufe
in die Kirche aufgenommen wurden.

2

Für unseren Täufling N.
auf seinem Lebensweg mit Christus.

3

Für N.s Eltern, für die Taufpaten,
für alle, die N. in den kommenden Jahren
auf seinem Lebensweg begleiten werden.

4

Für die ganze Familie N.,
für die Verwandten und Freunde des Täuflings
und für uns alle,
die wir hier versammelt sind.

5
Für alle Freunde, die N. finden wird,
die Menschen, die mit ihm leben werden,
besonders für jene, die ihm Gutes tun.

6
Für alle Menschen, die nicht an Gott glauben,
besonders für jene, denen jeder Lebenssinn fehlt.

7
Für alle, die sich auf ihre eigene Taufe,
auf Erstkommunion und Firmung vorbereiten.

8
Für die Getauften in allen christlichen Kirchen,
mit denen wir verbunden sind
im Glauben an Jesus Christus.

9
Für unsere Kirche und für alle christlichen Kirchen,
besonders für alle Kinder und Jugendlichen,
die ihren Weg im Leben erst noch finden müssen.

10
Für alle christlichen Kirchen,
die zur Einheit im Glauben berufen sind.

11
Für alle Menschen auf der ganzen Welt,
die auf Leben in Fülle hoffen.

12
Für alle Menschen,
die an Gott glauben wollen
und es doch nicht können.

13
Heute ist N.
in die Kirche aufgenommen worden:
Lasst uns beten für ihn
um Wachstum im Glauben.

14
N. ist heute im Sakrament der Taufe
Christus gleich gestaltet worden:
Lasst uns beten um Gottes Schutz
auf seinem Lebensweg.

15
Wir sind versammelt zur Taufe von N.:
Lasst uns beten für uns und für alle,
die berufen sind,
ihn in den kommenden Jahren
auf seinem Weg im Glauben zu begleiten.

16
Durch die Taufe ist N. Glied der Kirche geworden:
Lasst uns beten um Gottes Segen
für die Christenheit auf der ganzen Welt,
besonders für unsere Pfarrgemeinde N.

17
Viele Menschen sind N. im Glauben vorausgegangen:
Lasst uns beten für unsere Verstorbenen,
besonders für jene, die uns ein Leben mit Christus bezeugt haben.

18
Voll Freude sind wir Zeugen der Taufe von N.:
Lasst uns an diesem Tag auch beten für alle Menschen, die keinen Grund zur Freude haben, die Armen und Hungernden, die Kranken, Leidenden und Sterbenden.

19
Der Glaube ist in unserer Zeit keine
Selbstverständlichkeit mehr:
Lasst uns beten für alle,
die sich auf ihre eigene Taufe vorbereiten,
und auch für die Menschen,
die sie auf diesem Weg begleiten.

20
Das Bekenntnis zur Taufe
vereint die verschiedenen christlichen Kirchen:
Lasst uns beten um sichtbare Einheit aller Christen
und um ein glaubhaftes Zeugnis
des Evangeliums in der Welt.

21
Die Taufe verbindet uns miteinander:
Lasst uns beten für uns selbst
und auch für alle Menschen,
mit denen wir unseren Alltag teilen.

22
Christus will uns alle an sich ziehen:
Lasst uns beten für alle Menschen,
die Christus nicht kennen,
denen seine Botschaft nichts bedeutet,
die auf anderen Wegen
nach Glück und Wahrheit suchen.

23
Was in der Taufe begonnen hat,
soll im Leben weiterwachsen und reifen:
Lasst uns beten für die Paten von N.
und für alle Menschen,
die ihn im Glauben begleiten.

24
Gott will das Leben aller Menschen:
Lasst uns beten um Frieden
zwischen den Menschen und Völkern
und um Frieden in unseren Herzen.

Hochzeit

Zitate

Das Buch Genesis
(Gen 1,27)

Gott schuf den Menschen als sein Abbild;
als Abbild Gottes schuf er ihn.
Als Mann und Frau schuf er sie.

Johannes
Chrysostomos
(† 435)

Wenn sich ein Mann und eine Frau zur Ehe zusammenschließen, sind sie nicht das Abbild irgendetwas Unbeseelten, sondern ein Abbild Gottes selbst.

Zweites
Vatikanisches Konzil
(1962–1965)

Die christlichen Gatten bezeichnen das Geheimnis der Einheit und der fruchtbaren Liebe zwischen Christus und der Kirche und bekommen daran Anteil.

Adolph Freiherr
von Knigge
(1752–1796)

Das aber bleibt eine heilige Regel, dass, wenn wahrhaftes Misstrauen sich einschleicht, wenn man Offenherzigkeit erzwingen muss, alles Glück der Ehe entflieht.

1
Für N. und N.,
die Gott zusammengeführt hat
zur gegenseitigen Liebe
und zum gemeinsamen Leben
im Bund der Ehe.

2
Für die Familien N. und N.,
für die Freunde des Brautpaares,
für alle, die N. und N. auf ihrem Weg begleiten.

3
Für alle Ehepaare, alle Familien, alle Liebenden,
für alle christlichen Kirchen und Gemeinschaften,
für alle, die berufen sind,
durch ihr Leben
Zeugnis zu geben
von Gottes grenzenloser Liebe.

4

Für alle Menschen,
deren Beziehungen zerbrochen sind,
die zerrütteten Familien und
zerstrittenen Gemeinschaften,
für alle, die nicht mehr lieben können
vor Zorn, Enttäuschung und Verzweiflung.

5

Für N. und N.
in ihrem gemeinsamen Leben als Ehepaar,
für die Kinder, die sie haben werden,
und für alle Menschen,
die mit ihnen das Leben teilen.

6

Für alle Menschen,
die in Partnerschaften zusammenleben,
für alle, die sich einander anvertrauen.

7

Für alle Menschen, die einsam sind,
denen niemand beisteht,
die keinen Grund zur Freude haben.

8

Für uns alle, die wir hier in Freude versammelt sind,
für unsere Gemeinschaft und unser Zusammensein
am heutigen Tag.

9

Für all unsere Verwandten und Freunde,
die am heutigen Tag nicht bei uns sein können.

10

Für unsere verstorbenen Angehörigen,
besonders für all jene,
die uns in ihrem Leben Vorbild waren.

11
Gott hat N. und N. verbunden zum Bund der Ehe:
Lasst uns für das Brautpaar beten
um Gottes Segen alle Tage ihres Lebens.

12
Vor Gottes Angesicht
haben sich N. und N.
zum gemeinsamen Leben verbunden:
Lasst uns beten um Gottes Beistand
für das Brautpaar und alle, die ihm nahestehen.

13
Gott hat der Ehe von N. und N.
seinen Segen zugesagt:
Lasst uns für das Brautpaar beten um Kraft und
Vertrauen auch in den schweren Stunden.

14
Wir alle sind Zeugen dieses festlichen Tages:
Lasst uns beten für uns selbst und unsere Gemeinschaft, und für alle Menschen, die heute nicht mit uns feiern können.

15
In der Liebe des Brautpaars erstrahlt uns die Liebe Gottes:
Lasst uns beten für alle Menschen, die nicht an das Gute glauben können.

16
Gott hat uns heute zusammengeführt:
Lasst uns beten für alle christlichen Kirchen, die sich versammeln, um Gottes Wort zu hören und seine Liebe vor der Welt zu bezeugen.

17
Gott will das Gute für alle Welt:
Lasst uns beten für alle Menschen,
die heute keinen Grund zur Freude haben,
die in Not und Verzweiflung leben.

18
Gott hält seine schützende Hand über uns:
Lasst uns beten um seinen Segen
für alle unsere Wege,
heute, in der Zukunft und in Ewigkeit.

19
Gott will Liebe stiften unter allen Menschen:
Lasst uns beten um Frieden und Gerechtigkeit
in unseren Beziehungen,
unter den Völkern und Nationen
und in unseren Herzen.

20
Die Ehe bezeugt die Liebe Gottes zu seiner Kirche:
Lasst uns beten um Einheit aller Glaubenden,
um Liebe untereinander und um Kraft
zum gemeinsamen Zeugnis vor der Welt.

21
Gott sagt uns seinen Schutz zu
auch in schwierigen Zeiten:
Lasst uns beten um Kraft und Ausdauer,
wenn wir aneinander zu verzweifeln drohen.

22
Gott sagt uns seine Liebe zu:
Lasst uns beten für alle Beziehungen,
die in Krisen geraten sind,
für die zerbrochenen Ehen und Familien
und für alle Menschen, die in Streit leben.

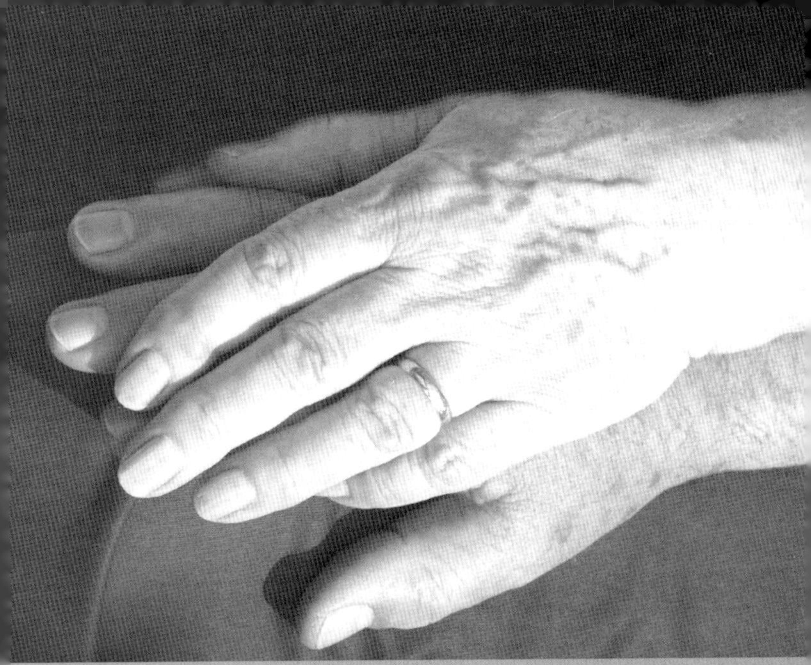

Ehejubiläum

Zitate

Das Buch Jesus Sirach (Sir 40,12)

Jede Bestechung und Ungerechtigkeit wird ausgerottet, Treue aber besteht für immer.

Johannes Chrysostomos († 435)

Nichts führt die Menschen so sehr in Liebe zusammen, als wenn sie Freud und Leid miteinander teilen.

Peter Knauer SJ (* 1935)

In dem gegenseitigen Jawort binden sich die Brautleute aneinander nicht aus Gründen, die zu ihren Lebzeiten eines Tages wegfallen könnten; sie binden sich nicht an die Schönheit oder an den Reichtum, sondern an das Du der oder des anderen.

Heinz Rühmann (1902–1994)

Man ist glücklich verheiratet, wenn man lieber heimkommt als fortgeht.

1
Für N. und N. am Tag
ihrer goldenen/silbernen Hochzeit.

2
Für alle, die N. und N. nahestehen,
und für jene, die ihnen Gutes getan haben.

3
Für uns alle, die wir hier
an diesem festlichen Tag versammelt sind.

4
Für (die Kinder und) die Angehörigen von N. und N.,
für ihre Freunde (und Kollegen),
für alle, die sie auf ihrem bisherigen Lebensweg
begleitet haben.

5
Für N. und N. in ihrer Treue zueinander.

6
Für alle, die heute keinen Grund zur Freude haben,
die Einsamen, Kranken und Verlassenen,
die Armen, Verfolgten und Verzweifelten.

7
Für alle Verstorbenen,
besonders für unsere Angehörigen,
an die wir uns voll Dankbarkeit erinnern.

8
Für alle,
deren Gemeinschaft in Streit und Wut geendet ist,
für alle,
die unversöhnt sind und deren Liebe erloschen ist.

9
Für alle Ehen und Familien.

10
Für die Verwandten und Freunde von N. und N.,
besonders jene,
die heute nicht mit uns feiern können.

11
Für alle Menschen,
die in diesen Stunden unglücklich sind,
die Einsamen und Kranken.

12
Für alle Menschen,
die heute keinen Grund zur Freude haben,
die hungern und leiden,
die ängstlich und verzweifelt sind.

13

Gott hat N. und N. mit seinem Segen begleitet:
Lasst uns beten um seinen Schutz
auch für die Zukunft.

14

N. und N. haben vielen Menschen
mit Rat und Tat beigestanden:
Lasst uns beten für alle, die ihnen nahestehen
und heute voll Dank und Freude sind.

15

An diesem Tag feiern wir die Treue und Liebe
zwischen N. und N.:
Lasst uns beten für uns alle,
die wir hier versammelt sind,
auch für jene, die heute nicht bei uns sein können.

16
In festlicher Freude sind wir hier versammelt:
Lasst uns beten für die Kinder von N. und N.
und alle ihre Angehörigen und Freunde,
die heute mit uns feiern.

17
Wo immer Menschen einander lieben,
geben sie Zeugnis von Gottes unendlicher Liebe:
Lasst uns beten für alle, denen es schwerfällt,
einander in Treue beizustehen.

18
Gott hat N. und N. Kinder (und Enkelkinder)
geschenkt:
Lasst uns beten um seinen Beistand
für alle ihre Verwandten und Freunde.

19
Gott sagt uns immer wieder seine Nähe zu:
Lasst uns beten für alle Menschen,
die uns fremd geworden sind,
mit denen wir nur schwer zusammenleben können.

20
Gottes Treue gilt für alle Zeit:
Lasst uns beten für unsere Verstorbenen,
vor allem unsere Angehörigen und Freunde,
die uns heute besonders vor Augen stehen.

21
Gott hat N. und N. zur Treue zusammengeführt:
Lasst uns beten
um Versöhnung und Einheit unter uns,
unter den christlichen Kirchen
und unter allen Völkern und Kulturen.

22
Die Treue der Eheleute
ist Zeugnis der göttlichen Liebe:
Lasst uns beten
um Frieden unter allen Menschen.

23
Gott will Glück und Heil für alle Menschen:
Lasst uns beten für alle, die verzweifelt sind,
für alle Kranken, Trauernden und Leidenden.

24
Wo Menschen einander lieben,
wird Gottes Herrlichkeit offenbar:
Lasst uns beten für alle Liebenden,
für alle Freundschaften und Beziehungen,
und für alle, die sich nach Liebe sehnen.

Begräbnis
Abschied

Zitate

Der Prophet Jesaja
(Jes 25,8)

Der Herr beseitigt den Tod für immer.
Gott, der Herr, wischt die Tränen ab
von jedem Antlitz.

Maximus von Turin
(um 400)

Das Licht Christi ist Tag ohne Nacht,
Tag ohne Ende.

Joseph Ratzinger
(Benedikt XVI.)
(* 1927)

Das Bekenntnis zur Auferstehung Jesu Christi ist für den Christen der Ausdruck der Gewissheit, dass das Wort wahr ist, das nur ein schöner Traum zu sein scheint: „Stark wie der Tod ist die Liebe" (Hl 8,6).

Marie von
Ebner-Eschenbach
(1830–1916)

Wir müssen immer lernen,
zuletzt auch noch sterben lernen.

1

Für unsere(n) liebe(n) Verstorbene(n) N.

2

Für N. und alle Menschen,
die an diesem Tag zu Grabe getragen werden.

3

Für die Angehörigen und Freunde von N.,
für alle, die dieser Abschied mit Trauer erfüllt.

4

Für die Kinder (und Enkelkinder) von N.,
für die Menschen,
die sein Heimgang mit Schmerz erfüllt.

5

Für alle Verstorbenen überall auf der Welt
und zu allen Zeiten der Geschichte.

6
Für alle, die sich in ihrem Beruf, ihrer Familie und in der Kirche um Sterbende kümmern.

7
Für alle,
die in diesen Stunden mit dem Tod ringen.

8
Für alle Menschen,
die unversöhnt gestorben sind.

9
Für alle Menschen,
die voller Angst sind vor ihrem eigenen Tod.

10
Für uns selbst,
die wir unserem eigenen Tod entgegengehen.

11
Heute nehmen wir Abschied von N.:
Lasst uns für ihn beten
um ewiges Leben in Fülle.

12
Wir sind versammelt
in Trauer um den Tod von N.:
Lasst uns beten für ihn und alle Verstorbenen
um die Erfüllung all ihrer Hoffnung.

13
Gott erbarmt sich der Schwachen:
Lasst uns beten für alle Sterbenden
und für die, deren Leben zu Ende gegangen ist.

14
Alle Schöpfung geht ihrem Tod entgegen:
Lasst uns beten um Gottes Segen für die Zeit,
die uns auf Erden gegeben ist.

15

Wir alle müssen sterben:
Lasst uns beten für alle Menschen,
denen die Begrenztheit ihres Daseins vor Augen steht,
für die, die voller Hoffnung sind,
und auch für die, die jede Hoffnung verloren haben.

16

Gott will das Leben:
Lasst uns beten
für alle Verstorbenen und für die ganze Welt,
die sich nach Erlösung und Freude sehnt.

17

Gott ist allen Trauernden nahe:
Lasst uns beten
um seinen Schutz
für uns und für alle Menschen,
die leiden, die trauern, die verzweifelt sind.

18
Der heutige Tag erinnert uns an unsere eigene Sterblichkeit:
Lasst uns beten für uns selbst
um Mut und Zuversicht in dem Leben,
das Gott uns geschenkt hat.

19
Christus schenkt uns Hoffnung auf ewiges Leben:
Lasst uns beten
für die Christenheit auf der ganzen Welt
um ein mutiges Zeugnis der Auferstehung.

20
Gott hat Christus aus dem Tod auferweckt:
Lasst uns beten für alle Verstorbenen,
die Bekannten und Unbekannten,
die Christen und die Nichtchristen,
an allen Orten und zu allen Zeiten.

21
Gott selbst hat sich in Jesus Christus
auf Leid und Tod eingelassen:
Lasst uns beten um Kraft und Zuversicht
für alle Menschen, die krank sind,
die unter Schmerzen leiden,
die dem Tod ins Auge sehen.

22
Gott hat Mitleid mit den Menschen:
Lasst uns beten um Trost und Zuversicht
für alle, die heute trauern,
und für alle Menschen, die verzweifelt sind.

23
Christus ist auferstanden:
Lasst uns beten um Kraft im Glauben
auch in Zeiten der Trauer und Not,
des Leids und der Verzweiflung.

24
Im Glauben müssen wir uns
vor dem Tod nicht fürchten:
Lasst uns beten für alle Menschen,
die angesichts ihrer eigenen Sterblichkeit
alle Hoffnung verloren haben
und vom Leben nichts mehr erwarten.

25
Der Abschied von N. erfüllt uns mit Trauer:
Lasst uns beten für die Angehörigen,
die Freunde und Bekannten
und alle, die heute von Schmerz erfüllt sind.

26
Christus geht uns voran
in die ewige Herrlichkeit:
Lasst uns beten für N. und alle Verstorbenen
um Leben in Fülle, um ewige Freude.